料理
大好き

小学生が
フランスの台所で
教わったこと

ケイタ 著

はじめに

ぼくの名前はケイタ、小学6年生。

長野県上伊那地方の山の中の小さな村で、お父さん、お母さん、弟2人と、ネコとイヌとニワトリと暮らしています。

ぼくがとっても好きなのは、絵本の『ぐりとぐら』じゃないけれど、料理することと食べること。

この本では、ぼくが5年生のときにフランスへ行ったときのことや旅に行くことにしたわけ、フランスの友人から教えてもらった料理を 紹介するね。

もくじ

第1章

ぼくのこと

ぼくは神戸で生まれた。この村に引っ越してきたのは、2歳のときだ。

農業の仕事をしながら、自分たちで農業を始める土地を探していたお父さんとお母さんはここならのびのびと子育てができると思って決めたんだって。

いちばん近いコンビニまでは自転車で1時間20分。まわりには家もあるけど、山に囲まれていて空気がとてもきれいなところだ。シカやイノシシ、タヌキにリス、ネズミ、カモシカやイタチなどの野生動物もいる。

学校にはバスで行く。同級生は5人。友だちとは校庭で遊んでからバスに乗って帰ってくる。そんな田舎で、ぼくは暮らしているんだ。

1　ぼくの家族

お父さんの仕事は農業で、ズッキーニやミニトマトなどの野菜と、自家用のお米などを作っている。今は、ビール作りもやっているよ。

ビールを作ると麦芽かすが出る。それを畑に入れると、すごくいい肥料になる。自分で麦を作ってビールを作って、それで野菜も作るといいって思ったんだって。

お父さんは、いろんなことをやりはじめるけど、ちょっとあきっぽいところもある。でも、農業はいろいろ自分で工夫できるから、楽しいみたい。

今年、ニワトリを飼い始めたんだけど、それも、ニワトリ屋さんに見に行くだけって言ってたけど、見たら飼いたくなって、ヒナを買ったら「小屋作って」ってぼくに言うんだよ。だから、ぼくは弟のコウスケと小屋を作ったんだ。

小さなころから、畑の
仕事が遊びだった。

お母さんは英語の先生で、通訳や翻訳の仕事をしている。そのほかにも、ビールの味見や講座の計画を立てる、講師、保育士など、いろんな頼まれ仕事をしているなんでも屋さん。子どもがやりたいということをいつも応援してくれる。

小さいとき、ぼくはなんでもまねをしたがる子だったって。1歳になるかならないかのころから、台所でお母さんのやることを見て、包丁でりんごの皮をむいたり、お皿を洗ったりしてい

たらしい。包丁も、まねをしようとしたから、持たせてくれたんだって。

ほんとうにあぶなくって何度も指を切ったけど、それでもやりたがったから、お母さんはやめさせなかった。それで、ぼくは料理を作るのが大好きになったんだろうね。

床の間のかべに穴をあけてしまったので、ふさごうと、土をもらってきてがんばっている。

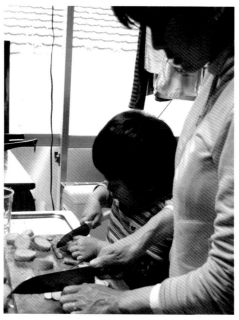

玉ねぎの皮むきやお皿あらい、いためものに、野菜を切る。ひとつひとつのことに集中してやっていた。

11

弟のコウスケは2歳年下で、すごく声がでかい。
お父さんとコウスケがいつもケンカをしている
からうるさいよ。

コウスケはドッチボールが好きで、料理もする。
コウスケがてきとうに作ったクッキーもけっこ
うおいしい。

ぼくが6歳のときに、もうひとりの弟タケハル
が生まれた。

タケハルはトランプの「神経衰弱」が強くて、天
気予報もよく当たる。ぼくが2歳のときにもらっ
た包丁は、今、タケハルが使ってるよ。

ビニールハウスの中に
ニワトリ小屋を作ったよ。

下の弟のタケハルも、台所
で材料を見つけ出しては、
自由に何かを作っている。

大好きだったネコのイチローさんと
昼寝。このネコのあとに飼っている
シンジュがこの夏、5ひきの子ネコ
を産んだ。

2　農家ボランティアの人たち

春から秋のとてもいそがしい時期は、ボランティアの人に来てもらう。日本だけでなく、世界のいろいろな国からも受け入れていて、これまでに5つの大陸から130人以上の人が来てくれたよ。

ぼくの家に泊まって、毎日いっしょにごはんを食べて、畑仕事をしたりいろんなことをするから、その人たちも、まあ家族みたい。

料理を作ってくれる人もいる。それで、ぼくのノートには世界各国の料理のレシピが集まっているんだ。

フランス人のジェレミーはそんなボランティアのひとりで、ぼくが8歳のときにうちに来て、4か月もいっしょに暮らした。

ジェレミーは背が高くて、メガネはかけてなくて、日本語とフランス語と英語をしゃべる。腕

のいいシェフで、有名ホテルのレストランで働いてきたんだって。たくさん料理を作って、作り方も教えてくれた。

でも、日本ではバターの値段がとても高いけれど量が少ないと言っていた。フランスのねぎが手に入らなくて、日本の長ねぎで代用するので、日本風のフランス料理になってしまうとも言っていた。

ジェレミーの料理はとてもおいしかったから、ぼくはフランス料理に興味がわいた。もともと料理は好きだったけど、お菓子を作る楽しみを教えてくれたのはジェレミーだ。今では、家族の誕生日ケーキは、たいていぼくが作っているよ。

ジェレミーは、
ぼくたちにフランス語も
教えてくれた。

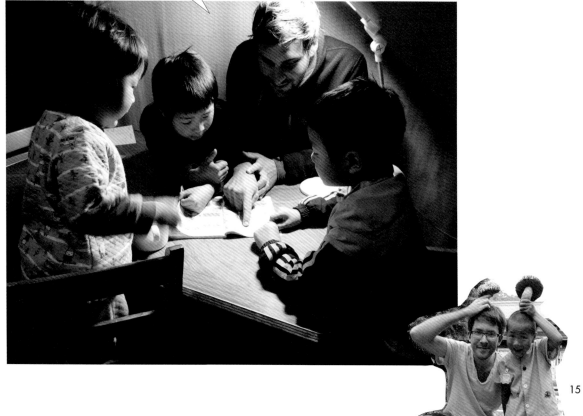

3　死ぬかもしれなかった病気のこと

4年生から5年生になる春休み。急におなかが痛くなって、手術を受けることになった。腸閉塞（ちょうへいそく）だった。

はじめ、小児科のお医者さんに行っても原因がわからなくて、大きい病院に行くようにいわれて、病院に行ったらすぐ入院になった。一晩中おなかが痛（いた）くてねむれなかった。

次の日、もっと大きな病院に行くってときになって、先生が病室に来て「手術をします」といって、大急ぎで手術をした。

手術が終わってから、先生は、「あと30分遅（おそ）かったら、命があぶなかった。すぐ原因を見抜（ぬ）けなくて、苦しい思いをさせてごめんなさい」といってくれた。

手術のあと1週間、水を飲むこともごはんを食べることもできなかった。いつもおなががすいて、今なにが食べたいとか、よくなったらなにを食べようかなとか、食べ物のことばかり考えてたよ。

そのとき、フランスに行って本格的なフランス料理が食べてみたいって思ったの。

前から興味があったけど、病気になったことで、実際にフランスに行って、ジェレミーがいっていたほんとうのフランス料理を味わってみたいって思った。

それで、入院中、フランス料理や、フランスの地理や歴史や暮らしの本を持ってきてもらって読んでいた。

手術のあと、やっと食べられたのは、重湯（おもゆ）だった。ほんとうはコーンスープが食べたかったんだけど。

手術のあと初めて食べた
重湯。やっと食べられたと
きの気持ちは、うまくこと
ばにできないな。

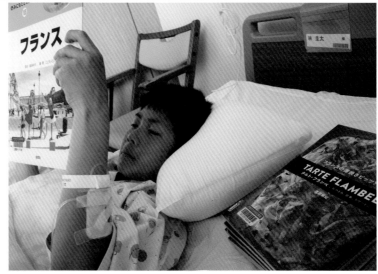

4　旅の準備

フランスのことをたくさん調べて、これまでフランスからボランティアに来てくれた友人たちにもお母さんに連絡_{れんらく}をとってもらって、どこに行こうかなと計画を立てはじめた。

5年生の夏休みには自分の包丁も作ったよ。日本の伝統的な包丁を持っていって、フランスの友人たちに日本の料理を作ってあげたいと思ったから。

包丁は、長野県の茅野_{ちの}にある鍛冶屋_{かじや}の定正さんに行って、作り方を教えてもらった。すごく熱くて、ずっとそこにいるのが大変だったけど、切れ味のいい包丁が自分で作れて、とても満足。

旅の計画が決まって、学校を休んで料理を習いに行くことを5人の同級生に話したら、みんな「どこに?」「なんで?」って、驚_{おどろ}いてた。

ためていたお年玉など、自分でもお金も用意して、2020年2月、お母さんと2人出発したよ。

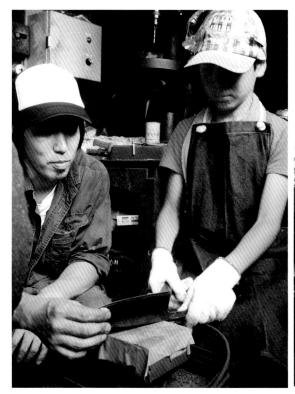

包丁を作る だいたいの 手順

①鉄を熱してたたいてのばす。
②包丁の形に切る。
③砂をかける。
④2000度の中に入れる。
⑤とぐ。　⑥取っ手をつける。

シャンティイ城に行く途中

Paris

第 2 章

フランスの首都
パリ

シャルル・ド・ゴール国際空港についたのは
朝の 7 時すぎ。家を出てから 50 時間以上も
かかった。飛行機ではゲームや映画はおもし
ろかったけど、駅も空港も人は多いし、きゅ
うくつで、めちゃくちゃ疲れた。それに、着
いたと思ったらお母さんが充電のできるとこ
ろを探して歩き回って、ますます疲れた。

疲れて、眠くて、泊めてくれるパオロの家に
やっと着いたら熱が出て、2 日も寝こんだ。
そのおかげで行けなかったところがいっぱい
ある。残念だったぁ。

パリはフランスの首都で、人がいっぱいいて、
空気と水があまりおいしくないところは東京と
似ている。パリには古い建物がたくさんあると
ころが、東京とはちがうかな。

	パリ	東京
人口	214.8万人	1395.1万人
面積	105.4 ㎢	622㎢

1　たいくつだったパリの朝

フランスは、日の出が日本より1時間半くらい遅い。だから、パリの朝は7時をすぎても、まだまっ暗だった。

ぼくの家では、みんな8時に寝て6時半に起きるけど、パオロの家のみんなはまだ寝てるから静かにしてなければいけない。

ふだんだったら、ふとんの中で少しゴロゴロしてから起きて、着替えて、ご飯とみそ汁の朝ごはんを食べて、新聞読んで、それから学校に行く。7時41分のバスに乗って行くよ。

とにかくパリでは明るくなるのがとても待ち遠しかった。

外に出たら人も少なくて、でも、パン屋さんはやっていて、マルシェは開店の準備中だった。

カフェで朝ごはんを食べてたら、小学生が親といっしょに学校に行ってた。7時半でもまだ暗いからかな。

たいくつでしょうがなく、本を読んでいた。

朝7時でもこんなに暗い。

パン屋さんは開いてたよ。

マルシェは開店準備中。

胃腸に
やさしい

パオロのお母さんのレシピ

農民のスープ

クローブ風味がおいしい家庭の薬膳

ぼくが熱を出したとき、パオロのお母さんが作ってくれた。胃腸からくるかぜにきくそうです。フランスパンをちぎってひたしながら食べるとおいしい。

材料　大なべ１つ分

バターナッツかぼちゃ　４分の１個
じゃがいも　３個
玉ねぎ　１個
パセリ　１束
セロリ　３本
マッシュルーム（なければひらたけ）５個
かぶ　２分の１個
ニンニク　２かけ
クローブ　３個
プロヴァンスのハーブ　大さじ１
塩、コショウ

作り方

1. 殺菌消毒のために、野菜を丸ごと酢水に15分つける。
2. バターナッツかぼちゃとじゃがいもは一口大に切る。玉ねぎとニンニクは皮をむく。パセリとセロリはいっしょにタコ糸でしばる。かぶとマッシュルームは大きければ一口大に切る。
3. 材料をぜんぶなべに入れ、5cmほどかぶるくらいの水を入れる。
4. 強火にかける。
5. ふっとうしたら中火にして、45分間煮る。
6. よく火が通ったら、塩とコショウで味を整える。

クローブは、丁子という植物のつぼみを乾燥させたもの。マダムが、クローブを入れた水を飲むとかぜ予防になると教えてくれた。

プロバンスのハーブは、バジル、マジョラム、ローズマリー、タイム、チャービル、オレガノ、エストラゴンなど、南仏地方のハーブを混ぜたもの。日本では、S&B食品のミックスハーブ「エルブドプロバンス」が手に入りやすい。

玉ねぎは丸ごと入れる。

形がおもしろいバターナッツかぼちゃ。

2　パオロとパオロの家族のこと

パオロの家は、パリ市の南の大学都市駅の近くにある。空港からも、パリ中心部に行くにも、便利な場所だった。

パオロは、ぼくの家に来てくれた農家ボランティアのひとりで、今は環境保護団体で働いている。

人々に飛行機に乗らないでほしいと伝えたり、航空会社に、あまりたくさんの飛行機を飛ばさないでほしいといったりしているんだって。そんな仕事があるなんてびっくりした。ぼくは、飛行機でフランスに来たけどね。

でも、限られた石油資源をたくさん使うし、排気ガスも環境破壊につながるから、飛行機はあまり乗らないほうがいいっていう考え方はわかる。

パオロのお母さんのナーラさんはお料理の先生で、ぼくたちはマダムと呼んでた。マダムは友人と料理の本も出したんだって。

マダムは18歳のときにレバノンから留学でフランスに来て、パオロのお父さんと出会って、それからずっとパリで暮らしている。

パオロのお父さんは仕事で忙しくて帰りが遅いから、あまり会わなかった。妹はジャーナリストなんだけど、ちょうど取材でイタリアに行ってて最後の日にちょっとだけ会ったんだ。だから、ぼくたちは妹の部屋を使わせてもらった。

パオロの家にも、ネコがいたよ。1匹はビビリでかくれちゃってなかなか出てこなかったけど、もう1匹はときどき出てきてた。

ネコの名前はクレオパトラとキーウィーって聞いたけど
どっちがどっちだろ？

3　ナポレオンはくぐれなかった凱旋門

熱が下がったから、凱旋門を見に行った。高さは50m、幅45m。思ってたより、でかい。

凱旋門というのは、戦争に勝ったことを記念するアーチで、パリにはほかにもたくさんあるけど、このシャンゼリゼ通りの凱旋門がいちばん有名で、世界中から観光客が来るんだって。

ナポレオンの「世界最大の門がほしい」っていうわがままのために建てられた凱旋門は、30年かけて作られたらしい。でも、1836年に完成したときナポレオンはもう亡くなっていて、門をくぐったのは、体がパリに戻ってきた1840年のことなんだって。亡くなってから19年もたっていた。やっとくぐれたって思ったんじゃない？

凱旋門はデモで一部こわされたらしいけど、まったく気づかなかったな。

カフェに初めて行ったときは、クロワッサンと
桃(もも)のジュースを頼んだ。クロワッサンはでかく
てクロワッサンぽくないし、ジュースは日本と
ちがって生あたたかかった。でも、どちらもと
てもおいしかった。

次の日は、店員さんに「フランスの朝ごはんを
食べたい」って頼んだら、ぼくにはクロックムッ
シュとホットミルクが、お母さんにはクロック
マダムとカフェオレが出てきたよ。

病みあがりでまだ本調子じゃなかった。

4　マダムの料理教室

マダムが最初に作ってくれた薬膳スープはクローブの味がおいしかった。

元気になってから、ポトフとラタトゥイユを教えてもらった。

料理をするとき、マダムはまず最初に野菜を皮ごと酢水につけていた。殺菌のために、いつもそうするらしい。

ポトフもラタトゥイユも、野菜がいっぱいの料理。ラタトゥイユは、ステンレスのサークル（輪っか）を使って立体的に盛りつけた。

上手にできたってほめられたよ。

パオロの家では、台所にせんたく機があった。

ポトフ

お肉とゴロゴロ野菜の煮こみ

味つけは
シンプル

材料（4～5人分）

玉ねぎ　5個
じゃがいも　4個
にんじん　4個
長ねぎ　1本（白い部分のみ）
かぶ　1個
セロリ　1本
ニンニク　5かけ（ニンニクのしんは消化が悪いから、しんをとってみじん切り）
牛肉　500g（ほほ肉とテール肉。脂肪があるほうがいい）
オリーブオイル
＜スパイス類＞
ブイヨンのキューブ（牛肉）3個
プロヴァンスのハーブ　大さじ1
（日本ではS&B食品の「エルブドプロバンス」）
白コショウ　小さじ2分の1

作り方

1. 殺菌消毒のために、野菜を丸ごと酢水に15分つける。
2. 玉ねぎはくし切り、じゃがいも、にんじん、かぶ、長ねぎも大きめに切り、セロリは乱切りにする。牛肉は5cm角に切る。
3. なべに少なめのオリーブオイルを温め、牛肉をいためる。この時、「お肉が気持ちよさそうに歌いながらおどっているように、少し振動している状態」を保つよう火かげんを調節する。
4. なべ底に少し肉がこびりつき始めたら、すべての野菜を入れて、なべ底からごっそりとまぜながらいためる。
5. プロヴァンスのハーブと白コショウ、固形ブイヨンを入れる（ブイヨン自体がしょっぱいので、この段階では塩を入れない）。
6. 具材がかぶるくらいの水を入れて混ぜ、強火にして、ふっとうしたら弱火にする。
7. 弱火にして5分たったら、味見をして、塩と白コショウで味を整える。
8. 3時間ぐらい弱火で煮こみ、もう一度味を整えて、火を止める。

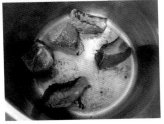

冷たくても美味しい

ラタトゥイユ
みずみずしい夏野菜の煮こみ

野菜の水分だけで、水を加えずに煮こむ。きれいな色が上にくるように盛りつける。

34

材料（4〜5人分）

赤パプリカ　1個　　黄パプリカ　1個
なす　2本　　トマト　8個
ニンニク　4かけ（4かけくっついたまま、皮はむかずにそのまま使う。ニンニクの皮にはビタミンがある）
ニンニク　2かけ（しんをとってみじん切り）
ローリエ　3枚
オリーブオイル　適量
＜スパイス類＞
ローズマリー　小さじ1杯
カルダモン　（粉状のものと種状のもの両方必要）少々
塩　小さじ1

作り方

1. 殺菌消毒のために、野菜を丸ごと酢水に15分つける。
2. パプリカ、なす、トマトを角切りにする。
3. なべにオリーブオイルを温め、トマト以外の野菜を強火でいためる。
4. ハーブ類をすべて加えていため、トマトを加えて、さらにいためる。
5. 火が通ったら弱火にして、2時間煮こむ。水は加えない。味見してスパイスで味を整える。
6. 弱火にしてから2時間たったら、野菜がやわらかくなっているか、水分が十分に出ているかを確認する。まだかたい場合は、さらに15分間煮る。最後にもう一度、味を整える。

5　シャンティイ城
　　クリームはあますぎた

シャンティイ城は、パリの北にあるお城で、クリームシャンティが有名だから行ってみたかったところなんだ。

パリから鉄道で25分くらいで着くはずだったのに、電車をまちがえて、駅に着いたらもう昼をすぎてた。

湖の中にあるような城で、ものすごく広くて、迷いそうになった。すごい古い本が2部屋につまっていたり、いろんな絵が飾ってあった。お金持ちが集めたたくさんのコレクションはどれもとても美しかったけど、ばかにでかくて、2日くらいないとぜんぶは回れなさそう。近くの馬の博物館にも行った。

クリームシャンティはホイップクリームみたいなもので、むちゃくちゃ期待してたんだけど、ぼくたちの入った城の中にあるお店のやつは、舌につく強いあまさで、とてもぜんぶは食べられなかった。ちょっと残念。

階段には巨大な羊の頭の像があった。

6　夜のエッフェル塔

パリでは、もうひとりの友人のアドリエンとも
会った。

エッフェル塔が9時にライトアップされるとい
うので、いつもは早く寝ちゃうけど、がんばっ
て起きてたんだ。すごい眠かったけど、パンテ
オンの前がまっすぐな道だったから、なににも
じゃまされずにエッフェル塔を見ることができ
たよ。

その前にレストランで食事をしたんだけど、こ
こで初めてクリームブリュレを食べた。

プリンみたいなので、表面にグラニュー糖のパ
リパリの層がある。すごくおいしくて、フラン
スでいちばん好きなデザートになった。

ここに見えるのが
エッフェル塔だよ!

大好きになった
クリームブリュレ。

7　日本食を作った

お世話になったお礼に、パオロの家で、ぼくは
巻きずしとみそ汁をつくった。とうふとみそは
スーパーに売ってたよ。みそは韓国製だったけ
ど、意外と日本のみそと変わりなかった。

巻きずしの具は、サーモンとアボカドにした。
でも、途中で疲れちゃって、巻くところはパオ
ロにまかせて寝ちゃった。

次の日、食べようと思ったらもう全部なくなっ
てて、ぜんぜん味見もできなかったけど、おい
しかったっていってもらってよかった。

買い物をして、みそ汁と巻きずしを作ったら疲れて、食べずに寝ちゃった。

第3章

アルプスのふもと
シャンベリー

シャンベリーは、フランス東部のアルプス山脈のふもとにある。
パリから、高速鉄道・TGVで3時間半かかった。四方を山に囲まれた山岳地帯(さんがく)で、空気がすごくきれいだった。

シャンベリーはスイスとイタリアに接する山岳地帯の街で、古い街並みと広々した自然の風景が楽しめる。今回行ったなかで、空気と景色がいちばんきれいで、また行きたいところ。

1 アナイスとギョウム

アナイスは救命救急医師で、国立病院のER（緊急救命室）で働いている。交通事故があれば現場にかけつけて治療にあたったり、病院に運ばれてきた人の命を助けたりする。冬はスキー場で事故が多いので、ヘリコプターで行くんだって。いいな、ぼくも乗ってみたい。

ギョウムは建物の構造計算の専門家で、強風や重力などで倒れないように安全を確保するための仕事をしてる。アナイスが家にいないことが多いので、お庭で野菜を育てたり、子どもたちの世話もしているお父さんだ。

アナイスとギョウムはおいしものをいっぱい知っている人。

3歳の女の子ソリーヌと、もうすぐ1歳になる赤ちゃんのミヤがいる。ミヤは日本語の名前にしたらしいです。

アナイスとギョウムは、8か月かけてアジアを回る旅の途中で、ぼくの家にボランティアに来てくれた。それで、旅が終わるころには自分たちも自然を守ろうという気持ちが生まれたんだって。

アナイスとギョウムは、シャンベリーの田舎に、昔農家だったすてきな家を見つけて、手を入れて住んでいる。

買うものも気をつけるようになって、化学肥料や農薬の使われていない野菜や、石けんやシャンプーなども自然にやさしいものを買ってる。コーヒーも使い捨てのカプセルはやめて、今ではコーヒー豆を買うようになったんだって。

家の暖房にはペレットを燃やしてその熱を家中のパネルに流している。ペレットは木のくずや皮などを細かくして圧縮した円柱形の燃料で、すごく高価なものだけれど、環境のことを考えて、石油よりもいいとペレットのボイラーを買ったそう。ボイラーはもともと豚小屋だったところに置かれていた。

ふたりが手にいれて住んでいる古い農家は、中がとてもすてきに改装されている。

木のたるみたいなのはくだ
ものしぼり機で、これでし
ぼったりんごジュースを飲ん
だよ。ちょーうまかった。

忙しいときに

ポレンタ

トウモロコシ粉のおかゆ

ポレンタはもともとイタリアの料理なんだけど、シャンベリーはイタリア領の時期があったので、フランス料理になった。3つの材料を混ぜればかんたんに作れておいしい。そのままチーズをかけて食べたり、肉料理などにそえて主食として食べる。

材料（2〜4人分）
コーンミール　カップ1
牛乳　カップ4
バター　20g
塩、コショウ

作り方

1. なべに牛乳を入れて弱火で温める。
2. 牛乳の表面にまくができたときは取りのぞく。
3. なべのふちに小さなあわがわいてきたら、火を
   止める（作る分量が多い場合は、火は消さなく
   ていい）。
4. コーンミールを入れる。
5. 木べらでひたすら混ぜる。混ぜ続けるのがコツ。
6. コーンミールに粒々した感じがなくなったら、
   バターを入れて溶かしまぜる。
7. なべ底が見えるぐらいコーンミールが固くなっ
   てきたら混ぜるのをやめる。
8. 塩とコショウを少々入れて味を整える。

コーンミールはトウモロコシをひい
たもの。大型スーパーで探すとい
い。インターネットでも買える。つ
ぶが細かいコーンフラワーとはち
がうので、まちがえないようにと、
ジェレミーがいってたよ。

2 山のふもとの田舎のくらし

アナイスとギョウムの家は、シャンベリーの街を見下ろせる丘の上にあった。

散歩に出かけたら、近所で飼われている牛や馬、ガチョウやアヒルもいた。家の周囲はものすごく広い牧草地で、牛たちは自由にのんびり暮らして幸せそうだった。

シャンベリーで見た牛は、日本で多く飼われているホルスタイン種ではなくて、ジャージー種だったよ。アナイスたちが親しくしている農家の牛舎も見せてもらったんだけど、小さい牛がたくさんいて、1頭買って日本に連れて帰りたかったくらい、かわいかった。

でかい木のウロがあったから、入ってみた。

標高300mくらいのところに住んでいる。

49

車で20分くらいのところの山にも行った。山から見たながめは、ブルジェ湖が大きく見えて、湖の後ろにも大きな山がそびえていてきれいだなって思った。

ヨーロッパのアルプス山脈は、長野のアルプスよりも長いしデカイし高いし、永遠に思えるほどずっと山が続いてる。

それから、山を少し降りて、スキー場のそばのカフェでチョコレートのクレープを食べた。あまかったけど、うまかった。

シャンベリーの中心的な
山のひとつモン・グラニエ
は標高1933m。

標高の高いシャンベリーの山の上に、この冬、雪がなかった。スキー場にも雪があまりなくて、アルプスにも地球温暖化が進んでいるのかな。1日でも早く温暖化が止まってほしい。

ぼくにできることは水の節約、食べるぶんだけうつわによそう、使うぶんだけ買って、使い捨てのものはあまり使わないようにする。使わない電気を消して、夜遅くまで起きない、そうすれば電気を節約できる。

この冬、スキー場にあまり雪がなかった。

「雪だというのに暑いのは、お酒の飲みすぎだから」って書いてある。

お肉なしでも大満足

農家のラザニア

野菜とチーズ、平たいパスタの重ね焼き

材料（4～5人分）

玉ねぎ　1個
ほうれん草　400～480g
ラザニアシート　4枚
リコッタチーズ　適量
塩、コショウ　オリーブオイル

チーズは、リコッタチーズでなくても、ピザ用のとろけるチーズを使うといいよ。たくさんのせるのがおいしい。

作り方

1. 玉ねぎを1cm角に切る。
2. オリーブオイルをフライパンにひいて、玉ねぎをいためる。茶色くなるまでいためたら火を止め、冷ましておく。
3. たっぷりのお湯でほうれん草をゆで、みじん切りにする。水分をしぼりすぎるとラザニアシートがパサパサになるから、ザルで水を切るくらいがいい。
4. ボウルにオリーブオイルをひいて、切ったほうれん草を入れ、熱いうちにリコッタチーズを加えて混ぜて、溶かす。
5. 4に塩、コショウを加えて混ぜて、味を整える。
6. 2の玉ねぎを加えて、混ぜる。
7. 耐熱容器にオリーブオイルをひいて、ほうれん草→ラザニアシートの順で4層に重ねていく。
8. いちばん上にチーズをのせる。
9. 180度のオーブンで35分間焼く。

刻んで煮込んで
パンといっしょに

野菜スープ

おばあちゃんの田舎風スープ

54

材料（4～5人分）

人参　6本
長ねぎ　4本
じゃがいも　6個
かぶ　4個
固形ブイヨン
クルトン（市販品 <ruby>し<rt>し</rt></ruby><ruby>はんひん<rt>はんひん</rt></ruby>）　適量
チーズ　適量

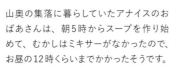

チーズはどんな種類でもいい。ぼくはいつもピザ用のとろけるチーズを使っているよ。

作り方

1. 野菜をすべて3mmの厚さで1.5cm角に切る。
2. 切った野菜をなべに入れ、混ぜて、水をひたひたに入れる。
3. 固形ブイヨンを入れる。
4. 強火にかけ、ふっとうしたら中火にする。
5. 野菜が<ruby>煮<rt>に</rt></ruby>えたら、ミキサーにかける。
6. 器に盛って、クルトンやチーズを上にのせる。

山奥の集落に暮らしていたアナイスのおばあさんは、朝5時からスープを作り始めて、むかしはミキサーがなかったので、お昼の12時くらいまでかかったそうです。

3　アルプス名物のラクレット

ラクレットは、チーズを溶かして、ハムやゆでた
じゃがいもなどといっしょに食べるアルプス地方
の郷土料理。体が温まる冬の食べ物で、友だちが
来たときなどに食べるごちそうだって。でも準備
はかんたんで、とてもおいしいから、欠点は食べ
すぎてしまうことだって、ギョウムは言ってた。

あったかいのと少し冷たいののバランスがよく
て、じゃがいもとレタスの甘味に、チーズとハム
の塩っ気がちょうどよく、すごくおいしい。

<ruby>山岳<rt>さんがく</rt></ruby>地帯では、乳製品をたくさん食べていた。ア
ナイスから教えてもらった料理にも牛乳やチー
ズ、生クリームなどがたくさん使われていた。

ラクレットの準備。専用のヒー
ターは、上の段で食材を、下の
段ではチーズを温められるよう
になっている。

56

ラクレットは準備はかんたんで体が温まる冬のごちそう。

チーズを溶かすチーズパン。
チーズは5種類くらいあった。

手間いらずのごちそう

豚のフィレ・ミニョン

かたまり肉のオーブン焼き

休日のお昼ごはんでよく作るそうです。

58

材料（4〜5人分）

豚ヒレ肉　600g
オリーブオイル　適量
玉ねぎ　2個
ローズマリー　4本
ニンニク　3かけ
はちみつ　適量　塩、コショウ

作り方

1. 玉ねぎを1.5cm角に切る。ニンニクは薄切りにする。
2. 肉のかたまりに、ナイフの先で切れ目を入れる。
3. 2の切り口に、ニンニクのスライスをひとつずつ入れる。
4. フライパンにオリーブオイルをひいて、表面においしそうな色がつくまで豚肉を焼く。
5. 耐熱容器にオリーブオイルをひき、真ん中に焼いた肉を入れる。
6. 肉のまわりに1の玉ねぎを入れる。
7. 玉ねぎの上に、ローズマリーをおく。
8. フライパンに残った肉の焼き汁とはちみつを、たっぷりと肉の上にかける。
9. コショウをふる（塩は肉をかたくするので、このときは塩をかけない）。
10. 耐熱容器の底から1.5cmほどの高さまで水を入れる。
11. 200度のオーブンで30〜40分焼く。途中10分ごとに、一度取り出し、煮汁を肉にかけて、肉がパサパサになるのを防ぐ。
12. 30分焼いたら、肉を取り出し、いちばん厚いところを切ってみて焼き具合を確認する。断面があざやかなピンク色ならもう5分ほど焼いてみる。火が通った感じの、ほんのりとピンクがかった白っぽい色なら焼きあがり。
13. お皿に盛りつけて、肉に大つぶの塩をふる。

※ローズマリーは香りづけなので、食べる前に取りのぞく。

じゃがいものグラタンといっしょにオーブンで焼いて、いっしょに食べたよ。

クリーム たっぷり

じゃがいもの牛乳グラタン

乳製品たっぷりのシンプルグラタン

山岳地帯に暮らすアナイスのグラタン。じゃがいもをゆでるときにも牛乳を使います。

材料（4人分）

じゃがいも　大4個（中なら6個くらい）
ニンニク　1かけ
牛乳　じゃがいもをゆでる適量
　　　（600〜700mlくらい）
生クリーム　100〜200ml
バター　適量
塩、コショウ
ナツメグ
生クリームもバターも、
焼く直前に表面にかける程度

作り方

1. 耐熱容器に2つに切ったニンニクの断面をこすりつける。
2. 耐熱容器にバターをこすりつける。
3. じゃがいもの皮をむいて、2ミリの厚さに切る。
4. なべに牛乳と塩、コショウ、ナツメグを入れて、強火にかける。
5. なべのふちに細かいあわがぶくぶくできるようになったら、3のじゃがいもをなべに入れて煮る。
6. じゃがいもが少しやわらかくなったら、耐熱容器に汁ごと入れる。ただし、煮汁は多すぎるので、ほんの少し残しておく。

7. 6の上に、生クリームを注ぐ（混ぜない）。その上にさらにバターをのせる。
8. 180度のオーブンで30分焼く。おいしそうな焼き色がついたらできあがり。

たてに刃のついたピーラー、初めて見た

深い容器だとなかなか焼けないので、浅めの耐熱容器がいいよ。

61

4　日曜日のマルシェ

シャンベリーでは、日曜日にマルシェに行った。
道にたくさんのお店が出ていて、肉屋や八百屋、
パン屋などが集まっていたり、古い家具や銀食器
とか、古いものがたくさん売っていて、とてもお
もしろかったんだ。

ABのマークはフランスのオーガニックのしるし。

でかい宝箱みたい
なのがほしかった。

Lyon

第 4 章

"美食の街"
リヨン

フランスでおいしいものといえば、食の旅なら
リヨンだと、どの友人も教えてくれた。国際美
食館もできたというし、行ってみることにした。

リヨンはフランスの南東部にある。シャンベ
リーから高速鉄道で 1 時間半くらいだった。

ふたつの大きな川が流れる歴史の
ある古い街だけど、高い建物が多く
て、交通じゅうたいがすごかった。フ
ランス第二の都市。

1　美食の街と呼ばれるわけ

リヨンは、周辺に牛肉や魚、ワインやチーズなど、おいしいものの産地がたくさんあるし、イタリア料理やスペイン料理の影響も受けていた。

そのうえ、レストランガイドのミシュランで最高評価の3つ星を50年以上も受け続けたシェフのポール・ボキューズが活躍していたことから、

「美食の街」といわれるようになったらしい。実際、お店で食べたものはどれもおいしかった。

でも、行きたかったお店や施設が閉まっていたり、石だたみの道で足が痛くなったり、ちょっと残念なことも多かった。

イタリア料理のお店では、ナイフで切る必要がなくてホッとした。サーモンのペンネはもっちりしていておいしかったし、ピザは生地がふわふわで、チーズとベーコンのあまみと塩っけがちょうどよかった。

リヨンは夜のほうがきれいだった。街のライトが、古い石造りの建物や噴水などをやわらかな光で照らしていた。

フランスではほとんどの駅が、階段でなくスロープになっていた。スーツケースを持っていたから、降りるときはスピードがつきすぎてしまうけど、階段と比べると楽だった。

それに、シャンベリーでは見なかったホームレスの人が、ベルクール駅の階段を上ったところにいて、1歳くらいの子どもを連れていた。ぼくはおこづかいの2ユーロをあげたんだけど、街にはほかにもホームレスの人がたくさんいるのを見た。犬を連れていたり、ずっと土下座している人もいた。みんなお金をもらおうと、コップやお皿を置いていた。ぼくはお金じゃなくて仕事をあげたいなって思った。

高級店街にあったチョコレート屋さんの99％カカオのチョコは渋かった！

2　国際美食館に美食はなかった？

リヨンに来たいちばんの目的は国際美食館に行くことだった。旧市立病院を改造して、2019年秋にオープンしたばかりの食べ物の博物館だ。

最初に行ったときはストライキで入れなくて、2度目に行ったらやっと入ることができた。

でも残念なことに、ぼくには期待はずれだった。美食館というから、おいしいものが食べられると思っていたのに、食べられるものがなにもなかったから。

試食できたり、フランス各地の料理が展示されているのかと思ったけど、そういうのはほとんどなかった。

広い展示室に台がいっぱいあって、説
明がついている。コックぼうの写真が
三ツ星シェフのポール・ボキューズで、
裏面には説明が書かれていた。

PAUL BOCUSE

69

それに、もともと病院だった建物はとても大きくて、美食館があるのはそのなかの一部だけ。立体的な展示はまだよかったけど、映像に囲まれた部屋はちょっと好きになれなかったな。

3 ノートルダム大聖堂

ノートルダム大聖堂はパリのものが有名だけど、リヨンの大聖堂もとても美しかった。

リヨンでは、旧市街地の丘にあるノートルダム大聖堂へも行った。すごい斜面を越えなければならなくて、でこぼこしていて、石だたみの坂は歩きづらかった。

大聖堂に着いたら、ミサをしていた。すごい大きいステンドグラスや壁画などがあった。

大聖堂の横にある店で、なぜかパリのエッフェル塔のキーホルダーが売られていたのでおみやげに買ったよ。それからミカエルの人形を自分のためにひとつ買った。

4　おいしかった郷土料理

評判のよいレストラン Le Bouchon des Cordeliers には、2度目に行ってやっと入れたんだけど、ほんとにおいしかった。

とくにかぼちゃのスープは、お母さんが頼んだやつだったけど、ぼくがほとんど食べてしまった。またあのお店に行って、お料理を味わいたい。

ウェイターの人がぼくにワインをすすめてくれた。フランスでは子どももお酒を飲んでもいいのかなあ。

ちょっとバターの味がするさつまいもの素あげののったかぼちゃのスープ。素材のあまさが口のなかで広がり、そこにちょっとだけオリーブオイルの味がまざって、とってもおいしかった。スープのそばの小さいお皿は「グラトン」という、豚の脂身のからあげ。

ぼくの頼んだメーンディッシュは、白魚にパセリとパプリカがのっていて、かむともっちりしていた。おもちみたいなもっちりじゃなくて、魚がぼくの口のなかで上に上がろうとしている感じ。

レモンタルトはすげーすっぱかった。
ぼくの頼んだいちごのタルトはあますぎた。

お母さんの頼んだメーンディッシュ。

5　牛乳の味くらべ

スーパーで、牛乳のキャップの色にちがいがあった。飲みくらべてみたら、赤いキャップの牛乳のほうが、生クリームのように少しあまくて、飲みごたえがあった。青のキャップは物足りない味だった。

シャンベリーのアナイスは、子どものころから、青いキャップの牛乳しか飲んだことがないといってた。

あとから調べたら、赤のキャップの牛乳は乳脂肪（にゅうし
ぼう）が3.6％の全脂乳で、青のキャップのは低脂肪乳、緑のキャップは乳脂肪のない牛乳だってわかった。

牛乳はグラノーラにかけて食べた。

牛乳が紙パックでなくて、ペットボトルに入っていたのもおどろいた。

6 コインランドリー

コインランドリーに行ったら、出入り口のガラスのと
びら一面に大きくヒビが入っていて、それでも営業し
ていた。ぼくはガラスの破片が落ちてこないようにそ
おっと開けながら、だれが割ったんだろうなって思っ
た。フランスの人たちは、何事もなかったように、ばー
んって開けて、ふつうにせんたくに来ていた。

もしかしたら、ガラスのとびらのヒビのことを、フラ
ンス人はオシャレだと思っているのかも。

地中海にも行った。

Toulouse

第5章

ジェレミーの故郷
トゥールーズ

トゥールーズは、建物を作るのに適した岩石が
とれなかったことから、レンガ造りの建物が多
い。それでバラ色の街と呼ばれているんだって。

泊まっていたのはホテルなんだけど、毎日ジェ
レミーがむかえに来てくれて、マルシェで買い
物をしてから、料理をした。

トゥールーズはフランスの南西部の都市。ス
ミレも特産品で、スミレのさとう漬けやジャ
ム、ハチミツなどさまざまな商品がある。

1　シェフのジェレミー

ジェレミーは、ぼくの家に何か月も泊まってくれたから、お兄さんみたいな存在だ。

これまで、世界の食文化にふれようと、オーストラリアやポリネシアのボラボラ島、ブルキナファソ、アイルランドのダブリンなどで働いてきた。これから自分の店を開くつもりで、トゥールーズに戻ってきたんだって。

ジェレミーには、フランスの料理で子どもでもできるものを教えてと、出発する前に頼んであった。それで、ジェレミーの家でクロックマダムとコルドンブルーを作ったんだ。

おみやげに持っていたお父さんのペッカリービール。これはジェレミーの助言で風味づけしたやつだよ。

毎朝、ホテルでまず「トムとジェリー」のアニメを見てから出かけた。テレビの4つのチャンネルはどれもアニメをやっていたけど、夜は大人のための番組ばかりだった。

子どもがきらいに
なるわけがない

クロックムッシュ／マダム

ハムとチーズのホットサンド

上に卵をのせるとクロックマダム

80

材料（2人分）

食パン 4枚
バター　適量
ハムかベーコン　4枚くらい
チーズ　たっぷり
卵　好みで1人1個
＜ベシャメルソース＞
小麦粉　20g
バター　20g
牛乳　200ml
ベシャメルソースの分量は、小麦粉：バター：牛乳が1:1:10の割合。

生卵をのせるのがむずかしい。チーズとベシャメルソースで火口のように卵が入るところを作ってから、割り入れるといいよ。

作り方

1. まずベシャメルソースを作る。バターをなべで溶かす。
2. 小麦粉を加えて、あわだて器か木べらでしっかり合わせ、牛乳を入れて混ぜる。
3. 火が通ってなべ底が見えるようになるまで、かき混ぜる。
4. 食パン2枚にバターをぬる。
5. 食パンの上にハムをのせ、チーズをたっぷりかける。
6. もう1枚の食パンをパンの上にのせ、上から3のベシャメルソースをかける。
7. さらにチーズをたっぷりかけて、卵を割ってのせる。
8. 180度のオーブンで10分焼く。

火加減はずっと中火で、こげないようにずっと混ぜ続けるのがコツ。

オーブンがないときは、5のあとにベシャメルソースをかけてからもう1枚のパンをのせ
バターを溶かしたフライパンで片面3分ずつ、両面で6分、中火で焼く。
卵がのらないから、クロックムッシュになる。

とり肉のあまさと
ハム・チーズの塩っけ

ジェレミーのレシピ

コルドンブルー

鶏むね肉のチーズはさみ焼き

82

材料（1〜2人分）

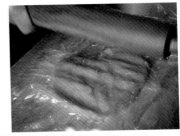

鶏むね肉　200g
ハム
チーズ
卵
オリーブオイル
パン粉
塩、コショウ

作り方

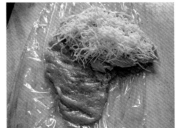

1. まな板の上にラップをひき、鶏むね肉をのせる。さらに上に
   ラップをのせる。
2. めん棒でよくたたいて、鶏肉を平らにする。
3. ラップを取って、鶏肉に塩とコショウをふる。
4. 平らになった肉の表面の半分にハムとチーズをのせる。
5. 肉をふたつにたたんではさむ。
6. 小麦粉→溶き卵→パン粉の順で、肉に衣をつける。
7. フライパンにオリーブオイルを熱し6を焼く。弱火で8〜10分
   焼いたら、ひっくり返して、反対側も8〜10分ぐらい焼く。
8. 最後に側面を5分くらい焼いて、しっかりと火を通す。ナイフ
   で半分に切って、中のチーズが溶けていたらできあがり。

2　買い物から料理は始まる

料理教室を始める前に、材料を買いに行った。

ジェレミーは、買い物をするとき、ひとつのマルシェですませないで、3つぐらいマルシェを回った。おいしいものをよく知っていて、パンはあそこの店、チーズはこの店って決めて、それ以外は行かないんだって。

できるだけ地元の野菜や肉などを買うようにしていて、大きなスーパーは外国から輸入したものが多いから、どうしても手に入らなかったものを買うときに行くっていっていた。

パリのパオロもシャンベリーのアナイスも、同じようなことをいってたよ。

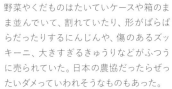

野菜やくだものはたいていケースや箱のまま並んでいて、割れていたり、形がばらばらだったりするにんじんや、傷のあるズッキーニ、大きすぎるきゅうりなどがふつうに売られていた。日本の農協だったらぜったいダメっていわれそうなものもあった。

ブタの足もあった！

頭のついた丸ごとの鶏。となりにはアヒルやウサギが、やはり丸ごとで毛をむしって売られていて、めちゃくちゃこわくて近よれなかった。切った鶏肉も別のところには売ってたけどね。

PAIN NOIX RAISINS 1€95 /Pièce

PAIN CITRON CEREALES 2€50 /Pièce

PAIN 4€ /Pièce

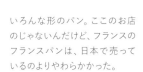

いろんな形のパン。ここのお店のじゃないんだけど、フランスのフランスパンは、日本で売っているのよりやわらかかった。

日本の長ねぎは青い葉の
部分が丸いけど、フラン
スのねぎは葉がぺちゃん
こだった。なんでだろ？

トゥールズではいろんなお店に買い物に
行って、いろんな野菜を見たんだ。

3　こんなものまで量り売り

たいていの店では、野菜やくだもの、肉、魚、チーズやハムなどが、ほしいだけとると重さで値段が決まる量り売りになっていた。店にもよるけど、パスタや米、豆、小麦粉、ナッツ、クッキーなんかも量り売りされていたのでびっくりした。オリーブオイルや洗剤まで量り売りされ

ている店もあった。

量り売りは、必要な分だけ買えて、ゴミが少ないのがいいなって思う。量り売りのピスタチオは布のふくろと、紙のふくろが選べて、ぼくは布のふくろに入れた。

ピスタチオのうまさは、メモに記せないほどだった。また食べたい。

使い捨てのプラスチックのフォークやスプーンが
禁止されて、木のやつが売っていた。

表面がいちばん
美味い

クリームブリュレ

表面がパリパリのカスタードのデザート

フランスで大好きになったデザート。こげたグラニュー糖があまい。

材料 （直径 7.5㎝の耐熱容器 3 つ分）

生クリーム　200ml
さとう　40 g
黄身　2 〜 3 個分
バニラエッセンス　適量
グラニュー糖　大さじ 1.5

作り方

1. なべに生クリームとバニラエッセンスを入れて弱火
   で温める。
2. ボウルに黄身とさとうを入れ、あわだて器で混ぜる。
3. 1 の温めた生クリームをボウルに加えて、さらに混
   ぜ合わせる。
4. 3 を耐熱容器に入れる。
5. オーブンの天板に水をはり、材料の入った耐熱皿を
   置き、160 度のオーブンで 30 分間蒸し焼きにする。
6. あら熱が取れたら、冷蔵庫に入れて 4 時間冷やす。
7. 表面にグラニュー糖を薄く広げる。
8. バーナーで表面をあぶる。

バーナーがないときは、
魚焼きグリルで5〜7分加
熱する。グラニュー糖が
こげすぎないように気を
つけよう。

ショコラショも、フランスで大好きになったチョコ
レートの飲み物。だいたいのカフェにあり、あまりあ
まくないものがぼくは好き。

4　チエリとジェレミーの料理教室

トゥールーズから2時間半かけて、スペインとの国境近くの街サント゠マリーに行った。

そこは地中海に面したきれいな街で、ジェレミーの料理学校時代の親友のチエリがレストランを経営している。新しく開く予定のお店のキッチンを、ぼくのためだけに貸してくれて、そこでも料理教室を開いてくれた。

教えてもらったのは、豆のスープと鶏肉（とり）の煮（に）こみとつけあわせ2種に、レモンパイ。

初めて、丸ごとの鶏を切り分けて、骨（ほね）からダシをとった。固形ブイヨンもあるけど、それだとあまりおいしくないから、ジェレミーもチエリも、いつも丸鶏から作るんだって。

料理教室はこれまでのなかで、いちばん本格的だった。

ジェレミーとチエリはどうでもいい話をいっぱいして笑っていた。

途中で休憩があったけれど、6時間立ちっぱなしで、足、とくにふくらはぎが筋肉痛になった。

ジェレミーとチエリはそうは見えなかったけど、ほんとうは腰が痛いし、ずっと立ちっぱなしだから血のめぐりが悪くなるんだって。だから、足を高くして寝てるらしい。シェフって、すごいたいへんな仕事なんだ。

料理のあと、浜辺に行った。空と海が真っ青で、砂はサラサラで、白とか青とか灰色とかのきれいな小石がたくさんあって、5個ぐらい拾った。

びっくりしたことは、夏になるといつも朝4時に清掃車がきて、砂浜をきれいにしているっていう話。

一皿で腹いっぱい

ジェレミーのレシピ

ピストゥ豆スープ

豆・野菜・パスタが入った南フランスのスープ

ピストゥというバジル・ペーストが味のポイント。スープをお皿によそった上にピストゥをのせる。ピストゥはパスタにかけたり、ほかの料理にも使えます。

材料（大なべ１つ分）

白いんげん豆　80g
赤いんげん豆　80g
※ 豆は手に入るものでいい。乾燥豆を使う場合は
　　あらかじめ一晩水につけておく。
さやつきいんげん豆　100g
ズッキーニ　１本
じゃがいも　２個
にんじん　１本
大玉トマト　１個
玉ねぎ大　１個
長ねぎ（白い部分のみ）１本
ニンニク　１かけ
パスタ　50g
塩　20g

> パスタは、コキエットといういちばん小さいパスタを使ったけど、マカロニやペンネなど、ショートパスタならなんでもいい。

作り方

1. トマトは丸ごとヘタの部分を包丁の先でくり抜く。
2. 長ねぎ、玉ねぎ、ニンニクをみじん切りする。
3. さやつきいんげん豆、じゃがいも、にんじん、ズッキーニを１cm角に切る。
4. 豆と丸ごとのトマト、水 1.5ℓ、塩 20g をなべに入れて火にかける。
5. 熱くなってきたら、トマトの皮が自然とむけ始めるので、トマトだけ取り出す。
5. ふっとうしたら、玉ねぎ、長ねぎ、ニンニクをなべに加え中火にする。
7. 豆がやわらかくなったら、にんじんとじゃがいもを加える。
8. 野菜がすべてやわらかくなったら、ズッキーニを加える。
9. トマトの皮をむき、種をとって、1cmくらいのサイコロ切りにして、なべに戻す。
10. 味見をして、塩味が足りなければ足して、味を整える。
11. パスタを、なべに加える。パスタの袋にあるゆで時間をすぎたら、火を止める。

ピストゥの作り方は次のページへ

ピストゥ豆スープ

豆・野菜・パスタが入った南仏のスープ

ピストゥ
バジル　１束
ニンニク　２かけ（みじん切りで大さじ１くらい）
パルメザンチーズ　大さじ２
ゆでたじゃがいも　小さじ１
オリーブオイル　60g

ピストゥの作り方
1.すり鉢にバジル、ニンニクを入れて、する。
2.パルメザンチーズを加え、する。
3.じゃがいものゆでたものを加え、する。
4.オリーブオイルを加え、さらにする。
※すり鉢でするのがたいへんなら、フードプロ
　セッサーやミキサーを使ってもよい。

マッチを３本くわえて切ると目にしみないってジェレ
ミーがいってたけど、あんまきかなかった。

5 日曜日はそろってごはんを食べる

フランス人は日曜日になると、親せきの家に集まって、お昼ごはんをいっしょに作って食べる習慣があるんだって。でも、家族や親せきが好きじゃない場合は、行かなくてもいいって。

ぼくは日曜日に、ジェレミーのいとこの家に連れていってもらった。午前中にマルシェに行って材料を買って、いとこの家についたら、すぐに料理を作り始める。ゆっくりと食べて、たくさん話して、たくさん笑ってた。

このとき、料理を作るのはたいてい男の役割だとジェレミーはいってたけど、ぼくの親せきが集まるときは、お料理はいつも女の人たちが作っている。そこがちがうな。

豚かたまり肉をオーブンにセットして、切るだけのおいしいものをつまみながらしゃべる。

丸鶏をさばいたよ

鶏肉のフリカッセ・アンシエンヌ風

鶏のクリーム煮

小玉ねぎのグラッセとマッシュルームのソテーを添えたごちそう

材料 （4～6人分）

鶏肉 1 羽（もも肉とむね肉だけでもいい）
小麦粉　60g
玉ねぎ　1 個
生クリーム　200g
ブイヨン　1 ℓ（鶏ガラからとる場合は 102 ページへ。なければチキンブイヨンと湯）
塩、コショウ　少々

作り方

1. 玉ねぎをみじん切りにする。
2. 鶏肉に塩をふる。
3. なべに油をひき、強めの火で黄金色のこげ目がつくまで鶏肉を焼き、いったん取り出す。中まで火が通っていなくてよい。
4. 3 のなべで、なべ底にこげ目がつくくらいまで玉ねぎを 2～3 分いためる。
5. 4 に小麦粉を加えて、2 分ほどいためる。
6. 鶏肉をなべにもどし、ブイヨンを加えて、よく混ぜて煮こむ（もも肉を先になべに入れ、5 分たったらむね肉を入れて 15 分煮こむ）。
   鶏肉を取り出し、なべの煮汁をこす。
7. こした煮汁を弱火にかけ、塩・コショウで味を整える。もし、ソースがサラサラしていたら、分量外の小麦粉を加えてとろみをつける。ポター

ジュスープのようなドロッとした感じになればよい。
8. 生クリームを加えて、混ぜる。
9. 煮こんだ鶏肉をなべに戻し、鶏肉を温める程度（3～4 分ほど）加熱する。

ブイヨンとつけあわせの作り方は次のページへ **101**

鶏肉のフリカッセ・アンシエンヌ風
鶏のクリーム煮

ブイヨン

材料

鶏の骨（手羽先4本でも代用可能）
にんじん1本
玉ねぎ　2個
長ねぎ（あればポロネギ、リークなど）1本
ローリエとタイム　少々
（タイムがない場合はローリエ2枚）

作り方

1. 玉ねぎ1個は2cm角に切る。長ねぎは2cmに切る。ローリエとタイムはタコ糸でしばっておく。
2. にんじんと、もう1個の玉ねぎは二等分に切る。
3. 鶏の骨、1、水1.5ℓ、塩少々をなべに入れ、火にかける。
4. 水がふっとうしたら、2の玉ねぎとにんじんを加える。

5. 時々浮いてくる脂とアクをとりのぞく。
6. 1時間ほど火にかけ、水分量が半分に減ったら、火を止める。
7. スープをこす。

2のにんじんと玉ねぎをバーナーやオーブンでこがしてから作ると、茶色いブイヨンになる。料理教室ではこがした野菜で作った。

ガーニッシュ（つけあわせ料理）2種
材料

ペコロス（小玉ねぎ）　250g
マッシュルーム（どんなキノコでもいい）　250g
バター（マッシュルーム用）　20g
バター（小玉ねぎ用）　20g
さとう　大さじ1
塩、コショウ

作り方

小玉ねぎのグラッセ
1. 玉ねぎの皮をむく。
2. なべ底1cmぐらいの高さになるまで水（ブイヨンがあれば代用する）を入れ、さとう、バターを入れて、弱火にかける。
3. 玉ねぎを加え、木べらでよくかき混ぜつづける。
4. 10〜15分ぐらいで、玉ねぎが輝く黄金色のグラッセになってきたら、玉ねぎを指で押してみる。やわらかくなれば、できあがり。

マッシュルームのソテー
1. マッシュルームのじくを取り、皮をむき、4分割する。
2. フライパンでバターを溶かし、マッシュルームをいためる。
3. 黄金色になったら、塩とコショウで味を整える。

レモンパイ

レモンクリームたっぷりのデザート

ぼくにはすっぱい
大人の味

材料（直径 30cm のケーキ型 1 台）

生地の材料
バター　200g（常温でやわらかくしておく）
さとう　100g
塩　3g
小麦粉　350g
アーモンドパウダー　20g（なくてもよい）
卵　1.5 個（80g）
うち粉　適量
バターまたは油（ケーキ型の内側にぬる）適量

レモンクリームの材料
レモン汁　250ml（レモン 6 個使用）
さとう　250g
卵　大なら 4 個、中なら 5 個
バター　350g
ゼラチンの粉　4g

作り方

生地の作り方
1. 卵をとき、80g 分を取り出す。
2. 台の上で小麦粉、アーモンドパウダー、塩を混ぜる。
3. バターを細かく切って粉類と合わせ、よくなじませる。
4. さとうを加えてさらに混ぜる。
5. 4 を噴火山のように形づくり、火口に卵を入れて、かき混ぜながら、生地がなめらかになるまで、よく合わせる。
6. 5 をラップに包み、冷蔵庫で 30 分間寝かせる。ケーキ型の内側にバターまたは油をぬる。
7. うち粉をふった作業台に生地を置き、めん棒で 5 ミリくらいの厚さにのばす。
8. よぶんな粉をはらい生地をケーキ型にくっつける。冷凍庫または冷蔵庫で 20 分間寝かす。
9. 残った生地は、まとめて伸ばして、好みのクッキー型で抜く。
10. 8 と 9 を 180 度のオーブンで約 20 分焼く。おいしそうな焼き色がついたら、金あみにとって冷ます。

レモンクリームの作り方は次のページ

レモンパイ
レモンクリームたっぷりのデザート

レモンクリームの作り方
1. レモンの皮をよくふき、皮を 25 g すりおろす。
2. レモン汁を 250ml しぼり、さとうを加える。
3. ボウルに卵を割り入れ、あわだてる。
4. あわだてた卵に 2 のレモン汁を加え、レモンの皮を 10g 加えて混ぜる。
5. 4 をなべに入れて中火にかけ、木べらでかき混ぜつづける。
6. なべ底が見えるようになるぐらいクリーム状になったら、火を止める。ゼラチンを加えて混ぜ、そのまま 5 分置いて、ほんの少しだけ冷ます。
7. バターを加え、溶けるまで木べらでよく混ぜる（この時は火にはかけないこと）。

仕上げ
焼き上がったパイ生地にレモンクリームを入れて、冷蔵庫で 1 〜 2 時間冷やす。食べる直前に、残りのレモンの皮と焼いたクッキー、分量外の粉ざとうで飾りつける。

6　黄色いベストの人たち

ホテルの近くの店でおみやげを買っていたら、大きな音がして、街に住んでいる人たちが行進していた。ふつうの人たちで、家族みんなで来ている人もいた。大きな声を出したり、旗を持っていたり、プラカードを持っている人もいた。黄色いベストを着ている人もいた。

黄色いベストは反射材がついていて、もともとはドライバーの安全確保のためのものだ。お金持ちの人は着ないし、デモに参加しないそうだ。警察のパトカーが10台ぐらい来ていて、デモを監視していた。

デモは、年金の制度を変えようとしていたり、税金を上げたり、労働条件を悪くしようとしている政治家に対して抗議しているんだって。すごくたくさんの人たちが、こんなにも怒っているんだ。

Résumé dU
Voyage

第6章

料理修業の旅
まとめ

アヒルやガチョウの料理がトゥールーズの郷土
料理だと聞いたとき、もともと鶏肉(とり)がきらい
だったぼくは絶対に食べたくないと思った。

でも、ジェレミーに連れて行ってもらったレス
トランで、ぼくは知らないうちにサラダに入っ
ていたアヒルの心臓(しんぞう)を食べていた。コリコリし
ていておいしかった。

ジェレミーは「料理が上達する方法は、いろん
なものを食べることだよ」っていった。

チエリのお店のキッチンはとても
きれいで、チエリ自慢の「世界一
おいしく焼けるオーブン」があっ
た。チエリは「ひとつの作業が終
わったら、すぐに道具や調理台を
きれいにすること」っていった。次
も気持ちよく、すぐに使えるように
しておくのが大事なんだって。

1 ゴミと落書きのナゾ

フランスでは首都のパリと地方の街に行った。歩いていてまず思ったことは、ゴミが多いってこと。いちばん多かったのはタバコの吸いがらで、空きカンとかペットボトルとか、粗大ゴミ（そだい）も落ちてたからびっくりした。

すごく大きなゴミ箱が街中にあり、電車の中にもゴミ箱がついている。朝早くお掃除（そうじ）の人が仕事もしているのに、なんであんなにゴミが落ちているんだろう？

ペットのふんも、道にたくさん落ちていた。知らないうちに左足でウンコをふむと、いいことがあるんだって。シャンティイ城の近くでは、トラクターのタイヤについてたドロかなと思ったものが、馬フンだった。

落書きは、きれいなものもあったけど、よくこ
んなところに書いたねと思うような、高いビル
の壁とかにもあった。

2　フランス料理でちょっとわかったこと

①　いつも豪華とは限らない

フランスに行くまでは、フランス料理は、朝、昼、晩、どれもすごく豪華だと思ってた。

実際にフランスに行って1日3食食べたら、イメージとは全然ちがった。朝食と夕食は豪華じゃなく、パンやチーズなどの軽いものですますことも多い。

朝に、あまいものを食べてもいいというのも発見した。たとえば、コーンフレークやフルーツグラノーラなどのシリアルに牛乳をかけたものや、パンにバターとジャムをぬったもの。大人はコーヒーや紅茶を飲んでいた。

「フランス人は朝、お米を全然食べないんだな、ぼくだったら、お昼になるまでに確実におなかがすくな」と思った。

いちばんおいしかっ
たメーンディッシュは
子羊のステーキ

でも、おなかがすいてもだいじょうぶだった。昼ごはんが、その日に食べるいちばん本格的な食事だったからだ。それを知らなくて朝食をたくさん食べたら、昼食が食べられなくなった。

昼ごはんでは、たくさんの料理が出てきて、少しずつ食べた。

まずはスープやサラダなどの、食べたい気持ちをふくらませる軽いアントレ。それから、お肉や魚などを本格的に食べるメーンディッシュ。メーンデッシュには、ガーニッシュというつけあわせも添えられている。その次にデザートかチーズ。両方食べることもある。大人は、最後にコーヒーか紅茶を飲む。

子どもは、学校で給食を食べてもいいし、家に帰って家族といっしょに昼ごはんを食べてもよくて、学校の昼休みは2時間もあるんだって。

ぼくが食べた中でいちばんおいしかったメーンディッシュは、子羊のステーキ。広い牧草地で子羊がお母さん羊といっしょに草を食べているような味がした。

夕方4時ごろに、子どもはクッキーやビスケットなど、ちょっとしたおやつを食べ、晩ごはんは、パンとチーズのときもあれば、パンとチーズとスープのときもあった。

寝る前にたくさん食べると健康によくないという理由で、フランスの人たちは、夜はあまりたくさん食べてなかった。お昼ごはんがあまりにも多いから、ぼくも晩ごはんは少しでだいじょうぶだった。

パンを用意して、スープとサラダが作れたら◎。

114

②　おいしい郷土料理が
　　いろいろある

地域によって料理も違いがあった。

山岳地帯のシャンベリーは、体を温める
料理と、乳製品の料理が多かった。たと
えば、チーズを溶かしてじゃがいもやハ
ムといっしょに食べるラクレットとか、
野菜スープにもたくさんチーズを入れて
食べるし、いろんな料理に乳製品が入っ
ていた。

シャンベリーは何百年も、フランスとイ
タリアが取り合いしていた土地だった。
だから、もともとイタリア料理だったの
が、フランス料理になってしまった料理
がある。たとえば、ぼくが大好きなポレ
ンタは、コーンミールを牛乳で煮たもの
で、もともとはイタリア料理だった。

それから、スイスにも近いので、たとえばラクレットは、フランス人にどこの料理かと聞けば「フランス料理」と答えるし、スイス人に同じ質問をしたら「スイス料理」と答えるそうだ。

リヨンは、豚・鶏・牛の肉だけじゃなく、脂肪や内臓、皮、血も使う料理がいろいろある。内臓を煮てポーチドエッグを入れるスープや、豚の脂身の素揚げ「グラトン」はおつまみとしてレストランで出てきていた。

トゥールーズは、スペインに近いけど、スペイン料理の影響はあまり受けていないそうだ。郷土料理にはアヒルやガチョウの肉や内臓が使われたものがある。

ナシ入りのフォアグラ。

これがアヒルの心臓の入ったサラダ。

世界三大珍味のひとつフォアグラは、アヒルの
肝臓を調理したもので、ぼくが食べたフォアグ
ラにはナシが入っていた。あまくて一口だけは
おいしかったけれど、もともとレバーが好き
じゃないからたくさんは無理だった。

パリには、郷土料理といわれるものは生まれな
かった。なぜなら、いつも王がいて、みんなが、
これがおいしいとかあれがおいしいとかと持っ
てくるから。

③　ゆっくり楽しんで食べること

今回の旅でいろいろな料理を教えてもらった。

フランスの人たちは、イメージしていたよりもずっとかんたんな食事をしていたし、鶏をさばいて骨からスープを取るような本格的な料理もあった。

ぼくの友人たちはみんな、材料を買うとき、できるだけ地元で作られた野菜や肉などを買うようにしていた。地元の人にお金を払いたいといっていた。環境のことを考えていたし、おいしいものを売っているお店をよく知っていた。それで、忙しいときはかんたんに、時間のあるときは楽しみながら料理をしていた。

アナイスは量り売りで買ったものをあきびんに入れていた

フランス料理を食べるときにいちばん大切なことは、話しながらゆっくり食べ、料理も会話も楽しむことだと、ジェレミーはいった。フォークやナイフをどう持つかとか、テーブルマナーを気にしてばかりいないで、とにかく楽しんで食べなさいって。

だから、フランスでは、1日のメーンの食事をするときは、家でもレストランと同じように、一皿の料理を食べたらその皿を下げて、また別の皿で料理を食べて、また皿を下げてのくり返しだった。お皿を洗うのがたいへんじゃない？反対に、朝はナプキンの上にパンを置いて食べたりしていた。

3　失敗することもあるけど、またやってみればいい

フランスに行って、いちばんおいしかったのは、ポレンタを食べたとき。

なぜならお店で食べたフランス料理は、味がこかったりしょっぱかったりしたから。家庭料理がいちばんおいしいのは、食べたときにすごいおなかがへっていたからだと思う。

ポレンタはうちでも作っている。水で煮てもいいってアナイスがいっていたから水で作ってみたけど、水だとあのとき食べたポレンタみたいには、おいしくできない。

アナイスのおばあちゃんの野菜スープやほうれん草のラザニア、グラタンはうまくいった。クロックマダムは、ひとつでむちゃくちゃお腹がいっぱいになったよ。

教えてもらったとおりに作っても、まだ、なかなかうまく作れない料理もある。

クリームブリュレも、バーナーを使っても、表面のさとうがうまくパリパリにならない。グラニュー糖の量が少なすぎるのかな。

それでも、料理を作ってみんなに食べてもらうのは、楽しい。失敗することもあるけど、またやってみればいい。

今年は学校がお休みの期間があったから、ヒヨコを飼いはじめた。ヒナの値段（ねだん）は、メスはオスの10倍くらい高いんだよ。最初はうちのなかで、ケージで育ててた。そのあいだに、畑のビニールハウスのなかに小屋を作った。キツネにやられないように、金あみも張った。

クリスマスくらいには食べられると思う。ぼくは鶏肉（とり）があんまり好きじゃないから、卵のほうが楽しみだ。

おわりに

ぼくはフランスに行くために、クラウドファンディングにちょうせんしました。そしたら、161名がぼくのためにお金を出してくれました。そのお金は86万4000円で、目標の7倍集まりました。ぼくは「161人がぼくを支援してくれたから、がんばらないといけないな」と思いました。

おかげでTGVにも乗ることができたし、フランスの風土で育った材料で作ったおいしい料理を食べられた。いろいろなマルシェでいっしょに買い物をして、フランス料理を教えてもらえた。ジェレミーがいってたフランスの長ねぎと日本の長ねぎのちがいも、実際に見て味わって感じることができたから、いい旅になった。クラウドファンディングで支援してくれたみなさん、ありがとうございました。

写真家のワタナベアニさんは、ぼくをとるためだけにパリまでわざわざ来てくれました。きれいな写真をとってくれました。ありがとうございました。

フランスでお世話になったパオロ、パオロのお母さん、パオロの家族、アドリエン、アナイスとギョウム、ジェレミー、

ジェレミーのお母さん、チエリ、ありがとうございました。
楽しい旅行になりました。

自然食通信社の横山豊子さんと編集者の山家直子さん、小学
生のうちに本を出したいというぼくの願いをかなえてくれ
て、ほんとうにありがとうございました。

    2020年10月

               ケイタ

フランスに行って言葉が通じないのは
柯が何人だか分からないから改めて
大変だと思った。

いま打ちこんでいること
は、世界の名作をほとん
ど読むこと。一番好き
な本はジュール・ベルヌ作
の「二年間の休暇」です。

「子どもって意外とできるんだ」 ハヤショーコ

「子どもが料理できるのは立派なことだけど、危ないから私はさせない」と、日本でも、ケイタとの道中でも、何度もいわれました。確かに料理は危ないと思います。でも、1歳1か月のケイタが身振りで必死に表現した「野菜を包丁で切りたい」という訴えを、私はどうしても却下することはできませんでした。

初めて包丁を手にしたケイタは危なっかしかったけれど、真剣な眼差しで野菜を切っていました。私の包丁の動きを見事に再現し、すでに料理の手順も覚えていました。「子どもって意外とできるんだ」と驚かされた瞬間でした。それ以来、ケイタが料理をしたければさせてあげました。

料理嫌いの私にとって料理は面倒なものですが、ケイタにとっては大好きな遊びになりました。しかし、急いで夕飯を作らなければならないときや疲れているときなどは、ケイタに料理することを我慢させていたこともありました。

そんなある日、農協から届いた会報誌で竹下和男先生の講演が開かれることを知り、ケイタを預けて聴きにいきました。買い物、料理、後片付けも、すべて子どもがやってみる「弁当

の日」を実践してみると、子どもは包丁や火を扱う危険を乗り切り、大人の手を借りずにひとりやり遂げられたという達成感や、自己肯定感が育まれ、失敗から学ぶようになり、本当の生きる力を身につけているとおっしゃっていました。

とても感銘を受けた私は、どのような状況であれ子どもが望むなら料理をするのを応援しようと決心しました。残念ながら、私が急いでいるときに限ってケイタは料理をしたがるのです。ですから、ときどき先生の本を読み返して、台所に子どもが立つことの大切さを再認識し、料理を邪魔してほしくないと感じるときでも心を立て直しては、ケイタが料理をするのを見守っていました。

さて、私は息子3人を育てていますが、どの子にも料理だけでなく、掃除も洗濯も興味を持てばやってもらいました。どんなに幼くても、本人がやりたがるタイミングを見逃さず、「安全確保をするだけで、口出しと手助けは最低限に」と心がけた結果、3人とも暮らしに必要な家事ができるようになりました。今では私が忙しいときや寝込んだときに、代わりに料理を作ってくれる頼もしい3人に成長しました。

もはや私が息子たちに教えることは何もありません。今は、息子たちは大工さんに教えてもらいながら4坪の子どもの家を手作業で建てているところ。棟上げもすみ、屋根を葺くところまでできました。すでに立派な家の形になっていて、「子どもって意外とできるんだ」と驚く私。今後どんなことで驚かせてもらえるのか楽しみでなりません。

ケイタ（林圭太）

2008年神戸市生まれ、長野県伊那市在住。幼い頃から台所で料理をするほか、なにかを作ることが大好きな小学6年生。趣味は400ページ以上の世界の名作の本を読むこと。料理は趣味と生活の間の存在。

写　真　P2、P4、P26、P108　P127　ワタナベアニ撮影
　　　　上記以外はハヤシヨーコ撮影・提供
構成・編集　山家直子
ブックデザイン　橘川幹子

料理大好き

小学生がフランスの台所で教わったこと

2020年11月15日　　初版第1刷発行
2022年 5 月10日　　　第3刷発行

著　者　ケイタ
発行者　横山豊子
発行所　有限会社自然食通信社
　　　　〒113-0033　東京都文京区本郷2-12-9-202
　　　　電話03-3816-3857　FAX03-3816-3879
　　　　http://www.amarans.net/
　　　　振替 00150-3-78026

印刷　吉原印刷株式会社
製本　株式会社積信堂

© Keita Hayashi
ISBN 978-4-916110-89-3

自 然 食 通 信 社 の 本

新装改訂版 "弁当の日" がやってきた
子ども・親・地域が育つ 香川・滝宮小学校の「食育」実践記

竹下和男／香川県陵南町立滝宮小学校著
定価 1600 円＋税

それは 10 年前、ひとりの小学校長の「親は手伝わないで」の一言から始まった。月に一度給食をストップし、5・6年生全員が家で弁当を作るという全国初の試み。親たちの不安を吹き飛ばしたのは、子どもたちが持ち寄った自慢弁当と誇らしげな笑顔。"弁当の日" は全国の小中高校、大学、地域へと広がり、実施校も800を越えるまでに。大学生になった "一期生" たちの「弁当の日の意義が今ならよくわかる」との声も新装版では収められた。

台所に立つ子どもたち
"弁当の日" からはじまる「くらしの時間」

竹下和男／香川県高松市立国分寺中学校著
定価 1600 円＋税

こどもの「生きる力」を目覚めさせた "弁当の日" が隣町の中学校にもやってきた。家族の間にくらしの時間が共有されることの深い意味合いが、弁当づくりを通して浮かび上がる。「競争と評価が重くのしかかる子どもたちを救いたい」——著者の想いの強さは教師・親たちを巻き込み、地域を動かしていく。

始めませんか子どもがつくる「弁当の日」
対談・鎌田實＆竹下和男
定価 1600 円＋税

弁当づくりを通して、「してもらう」より、「心をこめてしてあげる」喜びに目覚める子どもたち。親も学校もひらかれていく数々の "事件" に、地域医療の改革に長年取り組んできた鎌田氏は、「『弁当の日』という小さな学校のイベントが、実は教育現場を揺るがすような大きな構想に裏打ちされている」と激賞。子どもや患者を思う教育と医療をめぐり、対話はしだいに熱を帯びていく。

「ごちそうさま」もらったのは "命" のバトン
子どもが作る "弁当の日" 10 年の軌跡

竹下和男／香川県綾川町立綾上中学校著
定価 1400 円＋税

自分でつくる。家族につくってあげる。友だちの顔を思いながらつくる。「いただきます」「おいしかった」あたりまえの言葉がうれしい。料理には作り手の「命」が入るから。
「台所に立つことは意味がない」と育てられた「親」たちが、子どもの成長を喜び、子どもと台所に立ち始めた。
あなたと共に育つのは、こんなに楽しい！　食事作りに心＝命を込める大人たちの背中にこんなオーラを感じたとき、子どもたちの「心の空腹感」は満たされる。

「100 年未来の家族へ」
〜僕らがつくる "弁当の日" 5.7.5 〜

竹下和男文・写真／宝肖和美写真
定価 1400 円＋税

ニュートンは リンゴで ぼくらは "弁当の日" で
小さな実践が、子どもの育ちを後押しし、学校や家庭を変える

「弁当の日」を提唱して 18 年。本書は、親の手助けを断り、弁当作りをひとりでやり切った子どもたち自身の発見や思考の深まり、成長を物語る数々の "エピソード" から掬い上げた川柳 128 句と撮りためてきた写真とで構成。親元を離れ、大学生や社会人となった卒業生から届いた「先生たちの考えていたことがだんだんわかってきた」の一言は何にもまさる贈り物に。